AF496081

LES BATAILLES

DE LA GUERRE

GRAVURES

PAR

A. DENERVILLE.

ET VICTOIRES

D'ITALIE.

TEXTE

EN

GROS CARACTÈRES.

A ORLÉANS

Chez J. ANDRÉ-BÉGENNE, libraire,

Succ. de PESTY.

A PARIS

Chez BOURSELEZ, libraire, rue Christine, 5.

Et dans toutes les principales librairies.

ORLÉANS — IMP. MASSON ET RENARD, SUCC. DE M. PESTY, PLACE DU MARTROI ET RUE SAINTE-ANNE, 7.

1859

AVANT-PROPOS.

La grande armée française, avait dit un des commandants de nos corps d'armée, ne tardera pas à se trouver en face de l'armée autrichienne ; elles sont de vieilles connaissances ; l'une et l'autre se rappellent qu'elles se sont vues à Lodi, à Arcole, à Marengo, à Wagram : — noms illustres que nos troupes étaient appelées à faire suivre d'autres noms aussi retentissants. — Le général Forey avait sans doute aussi deviné Montebello, quand il disait à sa division : « Nous allons nous trouver en première ligne, et il est probable que nous aurons l'honneur des premiers engagements avec l'ennemi. — Rappelez-vous que vos pères ont toujours battu cet ennemi ; et vous ferez comme eux. »

C'était une parole prophétique : les fils ont imité les pères.

BATAILLE DE MONTEBELLO.

Il y a des noms qui portent bonheur.

C'est à Montebello, le 9 juin 1800, que commença la déroute d'une des plus nombreuses et des plus belles armées autrichiennes. — On sait la part glorieuse que prit Lannes à la célèbre bataille du 9 juin 1800, qui mérita à cet illustre général le titre de duc de Montebello. — La nouvelle victoire remportée le 20 mai 1859 était aussi un présage heureux de la campagne qui s'ouvrait.

La position de Montebello, village situé à quelques kilomètres de Voghera, et tout près de Casteggio, sur la rive du Pô, était occupée par un régiment de cavalerie sarde et faisait partie des avant-postes du 1ᵉʳ corps commandé par le maréchal Baraguey-d'Hilliers.

Les Autrichiens, confiants dans leur nombre (ils étaient 15,000), prennent tout à coup l'offensive et attaquent cette position, vaillamment défendue pendant la première heure par un régiment piémontais, qui repousse à plusieurs fois avec énergie les têtes de colonnes autrichiennes, mais fléchit devant le nombre.

Prévenu de cette attaque à ses avant-postes, le maréchal Baraguey-d'Hilliers donne ordre au général Forey de rassembler sa division et de se porter en avant. Le mouvement de ces soldats a rappelé leur élan d'Inkermann et de Trackir. Abordés résolument, les Autrichiens ont bravement soutenu le choc. Il a fallu prendre et reprendre Montebello, défendu avec acharnement. Le général Forey n'avait que 6,000 hommes pour tenir tête à 15,000, et, par malheur encore, le sol détrempé par les pluies torrentielles des jours précédents ne lui permettait pas de se servir de toute son artillerie. Cependant, pendant cinq heures, et malgré l'infériorité du nombre, nos troupes se battent avec intrépidité et sans perdre de terrain ; on se canonne, on se fusille de part et d'autre ; l'ennemi lance dans nos rangs des volées de boulets, lorsque, n'écoutant que leur courage, nos soldats se précipitent à la baïonnette sur les premiers rangs de l'armée autrichienne et les culbutent. « Il s'engagea alors, a dit le ' général, un combat corps à corps, dans les rues du village, qu'il fallut enlever de maison en maison. » Après une demi-heure de cette lutte acharnée, l'ennemi perdit pied et se débanda. — Montebello était à nous : la baïonnette avait eu raison de la résistance.

Les bulletins officiels ont tous signalé avec les plus grands éloges l'admirable conduite de la division Forey. Le brave général a conduit ses régiments à l'attaque avec une vigueur et un entrain qui devaient rendre inutile la résistance opiniâtre de l'ennemi. La cavalerie sarde a rivalisé d'ardeur avec la division Forey : elle a montré, sous les ordres du général Sonnaz, une énergie peu commune.

Tel est le début de la campagne.

La division Forey, partie la première de France, devait aussi, la première, se mesurer avec l'ennemi et commencer le feu. Elle a obtenu ce glorieux baptême qui rappelle un des plus beaux noms de l'Empire, selon l'expression du brave général Forey, à qui revient l'honneur de cette célèbre journée.

Tirailleurs Français.

On a publié d'émouvants détails sur les engagements de nos intrépides tirailleurs français avec les Tyroliens et les Croates. Des tirailleurs avaient reçu pour mission de protéger, le long d'une petite rivière, une batterie destinée à battre en brèche la tête de colonne autrichienne :

« Nous n'étions pas couchés, le ventre dans la boue, a écrit l'un de ces tirailleurs, qu'une poignée de Tyroliens, cachés par des arbres, ouvrent le feu sur nos camarades, beaucoup plus découverts que nous ne l'étions. En moins de temps que je ne mets à vous l'écrire, ils avaient couché quinze des nôtres par terre. Cela nous mit en rage ; sans nous concerter, sans nous le dire, nous sautons à l'eau, nous courons à la baïonnette sur les 30 ou 40 chasseurs que nous apercevions, et derrière lesquels on en voyait d'autres. Notre exemple entraîne trois compagnies. Mal nous en a pris : accueillis par un feu bien nourri, nous avons dû rétrograder, car nous n'avions plus à faire à quelques centaines d'hommes, mais bien à une colonne énorme, forte d'au moins 8,000 hommes.

« Nous gênions nos artilleurs. Le commandant fit sonner la retraite ; nous frémissions de rage. Heureusement que nous ne reculâmes guère ; on nous établit un peu plus loin, avec ordre de faire feu à volonté, le plus possible. — Donc, pendant deux heures, debout, à genoux, cachés, allant à droite, courant à gauche, immobiles, nous avons brûlé nos cartouches ; les premières !... Nous n'étions pas à plus de 250 mètres de l'ennemi.

« Les officiers nous retenaient parce que nous n'étions pas en nombre pour courir à la *fourchette*. Pendant ce temps nos artilleurs faisaient merveille, et leurs boulets perçaient à jour les rangs ennemis, qui ripostaient d'ailleurs en fort bons termes. Tout cela finit par où l'on aurait peut-être dû commencer. Le colonel Dumesnil tombe de cheval, blessé ; on l'entoure, on crie : *A la baïonnette !* et nous nous jetons à corps perdu sur les Croates.

« Ils nous reçoivent avec fermeté ; cela augmente la rage générale. Un lieutenant nous crie : « Mes enfants, avec la crosse ! » Et voilà les crosses en l'air. Le désordre se met dans les rangs ennemis, et nous les reconduisons vivement à Montebello. »

Voici un autre détail sur la guerre des tirailleurs :

« Des éclaireurs français bordaient le Pô. On le surveillait matin et soir, et soir et matin on se fusillait à travers le fleuve. Avec quelle patience, caché derrière un mur, un buisson, on cherchait à entrevoir

un shako, un cavalier, un point de mire quelconque. L'ennemi entrevu, l'éclair brillait et la balle sifflait. »

Les éclaireurs français ont rendu justice à leurs antagonistes. — Les Tyroliens, ont-ils dit, ça tire bien. Mais, faisant la moue, ils ajoutaient : — Ça tire bien, mais ils ont besoin d'une fourche.

Les chasseurs tyroliens ont en effet dans leurs armements une petite fourche sur laquelle ils appuient le bout du fusil. Ils ajustent lentement, et tirent à l'homme comme ils tirent au chamois.

—

BATAILLE DE PALESTRO.

Le canon tonnait à une lieue, sur la rive gauche de la Sesia, fleuve qui passe à Verceil et joint le Pô. Depuis midi, l'armée piémontaise était aux prises avec l'ennemi : le transport des blessés qu'on ramenait d'heure en heure, du champ de bataille, prouvait que la lutte était vive. Voici ce qui avait eu lieu :

Le 30 mai, Victor-Emmanuel sachant que l'ennemi se retranchait fortement à Palestro, était sorti de Verceil, traversant la Sesia à la tête de deux divisions. à l'aide d'un pont de bois que nos pontonniers avaient jeté, malgré le feu continuel des Autrichiens. — Attaqués avec une grande énergie, les Sardes essuient avec une fermeté héroïque la mitraille de l'artillerie autrichienne. Ils ont devant eux des forces considérables, un ennemi qui défend vigoureusement le terrain. Mais rien ne les arrête. Ils s'élancent avec intrépidité sur les canons autrichiens. Repoussés une première fois, ils reviennent à la charge avec un nouveau courage, entassant cadavres sur cadavres. Ce n'est plus qu'une mêlée générale, corps à corps : le combat est affreux, et l'ennemi se soutient. Cependant, les Sardes font une dernière charge, et, cernant les batteries ennemies, ils mettent les hommes hors de combat, s'emparent de leurs pièces. — Une demi-heure après, Palestro était en leur pouvoir.

Cette nouvelle victoire, qu'on a appelée le Montebello français, n'était que le prélude de la journée du 31 mai. Les Autrichiens avaient voulu reprendre Palestro.

Le roi Victor-Emmanuel, à la tête d'une division de son armée, résistait vigoureusement à l'attaque des Autrichiens qui portaient d'un autre côté des forces puissantes pour empêcher la jonction de l'armée sarde avec le corps du maréchal Canrobert.

Vers neuf heures du matin, le 3ᵉ régiment de zouaves venait d'établir son bivouac sur la droite de ce village, ayant devant lui un canal, lorsque, nous a dit un rapport officiel, quelques coups de canon suivis d'une fusillade assez vive engagée avec les troupes sardes, déployées devant le 3ᵉ zouaves en tirailleurs, annoncèrent l'ap-

2

proche de l'ennemi. Le colonel fit prendre les armes à son régiment, et le porta à environ 300 mètres sur sa droite, du côté où la fusillade était le plus vivement engagée.

Les Autrichiens, qui avaient pris l'offensive, s'avancèrent rapidement.

On fit d'abord déployer quatre compagnies en tirailleurs dans les blés qui couvraient les hommes, et le régiment fut formé en colonne d'attaque.

La fusillade s'engagea aussitôt très-vivement ; en ce moment le colonel s'aperçut qu'une forte colonne, appuyée par de l'artillerie, cherchait à tourner la position, ainsi que le village même de Palestro.

Il lança alors tout le régiment contre les masses ennemies.

Après avoir franchi rapidement le canal qui était, en avant d'eux, profond d'un mètre environ, les zouaves abordèrent résolûment l'ennemi à la baïonnette, et enlevèrent de suite trois pièces de canon, qui leur avaient fait essuyer un feu meurtrier.

En voyant les zouaves sur les hauteurs où étaient les pièces, l'ennemi s'enfuit en désordre. Deux autres pièces de canon, qu'il avait en arrière, furent enlevées comme les premières.

De là la colonne d'attaque s'élança sur le gros de l'ennemi, dans la direction du pont de Cofienza, sur la rivière de la Busca, où un engagement très-vif avait lieu entre l'armée sarde et l'ennemi.

Ce pont était fortement défendu par deux pièces d'artillerie.

Les Autrichiens, qui avaient imprudemment engagé une partie de leurs masses en avant de cette rivière, furent violemment refoulés par le choc impétueux de nos hommes ; ils furent presque tous anéantis, dans l'impossibilité où ils s'étaient mis d'effectuer leur retraite.

Plus de 600 restèrent prisonniers entre nos mains ; un grand nombre, que l'on peut évaluer à 400, se noyèrent en cherchant à passer la rivière de la Busca. Beaucoup d'autres furent tués sur place.

Quoique le pont de la Busca fût obstrué par deux pièces de canon et les chevaux attelés à ces pièces (trois étaient tués), le colonel fit passer des hommes sur l'autre rive, et après en avoir formé une colonne assez forte, il continua son mouvement en avant, chassant toujours les Autrichiens.

L'ennemi, soutenu par ses réserves, continua sa retraite en bon ordre, en nous abandonnant encore deux pièces de canon. Il fut poursuivi jusqu'à la rivière de Ritzza-Biraza, au village de Robbio.

Là s'arrêta le mouvement en avant ; l'ennemi, déjà éloigné, termina rapidement sa retraite.

Les Zouaves et les Turcos.

A Palestro, on a vu le 3ᵉ zouaves, seul en face d'une batterie de huit pièces et d'un feu nourri d'infanterie, franchir un canal, gravir une pente roide, charger les Autrichiens, dont 400 périrent en se précipitant dans le fleuve, et enlever enfin six canons à l'ennemi.

Ce brillant fait d'armes, mis à l'ordre du jour par l'Empereur, avait un peu troublé les Turcos qui n'avaient pas encore donné depuis l'ouverture de la campagne, et qui désiraient une occasion de montrer ce dont ils étaient capables. Le premier engagement du combat de Turbigo vint combler les vœux de nos tirailleurs algériens.

Voici, sur cet engagement, un récit qui a été publié :

« Je ne sais, a-t-on écrit, si les turcos, comme ils l'avaient dit en quittant Gênes, avaient jeté leurs

cartouches dans un tor-
rent, pour ne pas traîner
un poids inutile ; mais ils
se précipitèrent sur les
canons sans tirer un coup
de fusil. Un officier, qui
assistait à cette affaire, a
raconté que jamais encore
il n'avait été témoin d'un
spectacle aussi extraordi-
naire. — « Au signal du
clairon, les turcos s'épar-
pillent dans toutes les di-
rections, se couchant à
plat-ventre et s'avançant
par bonds gigantesques.
Chaque fois qu'ils se re-
levaient pour bondir en
avant, ils poussaient un
cri aigu qui dominait la
voix de l'artillerie. Ils
étaient à peine à la moitié
du trajet qu'ils avaient à
parcourir qu'une batterie
ennemie, voyant s'avan-

cer sous sa mitraille ces
« grands diables noirs, »
détala au grand galop des
chevaux, après avoir cra-
ché sa dernière bordée. »

Mais cela ne faisait pas
l'affaire de nos turcos qui,
furieux de voir une partie
de leur proie leur échap-
per, redoublèrent d'ar-
deur et tombèrent comme
la foudre sur les canons
restés en ligne. Ils s'emparèrent des pièces, y at-
tachèrent les canonniers,
et revinrent avec 7 ca-
nons qu'ils avaient pris au
pas de course.

A partir de ce jour les
diables noirs furent tran-
quilles : les lauriers des
zouaves ne les empê-
chaient plus de dormir.

—

BATAILLE DE MAGENTA.

Le combat du 3 juin (Turbigo) a précédé d'un jour et préparé la bataille dont nous allons parler.

La journée du 4 juin avait été fixée par l'Empereur pour la prise de possession définitive de la rive gauche du Tessin. Le corps d'armée du général de Mac-Mahon, renforcé de la division des voltigeurs de la garde impériale et suivi de toute l'armée du roi de Sardaigne, devait se porter de Turbigo sur Buffalora et Magenta, tandis que la division des grenadiers de la garde impériale s'emparait de la tête du pont de Buffalora sur la rive gauche, et que le corps d'armée du maréchal Canrobert s'avançait sur la rive droite pour passer le Tessin au même point.

Vers deux heures on entendit du côté de Buffalora une fusillade et une canonnade très-vives. La brigade Wimpfen et la brigade Cler enlevaient les hauteurs qui bordent ce village ; mais elles se trouvaient bientôt en face de masses considérables qui arrêtèrent leur marche ; 125,000 hommes étaient devant elles, les Autrichiens ayant, par une manœuvre qui a été expliquée depuis, fait repasser le Tessin à trois de leurs corps d'armée, sur les ponts qu'ils brûlèrent derrière eux. C'est dans cette circonstance que le général Cler tomba mortellement frappé, et que le général Mellinet eut deux chevaux tués sous lui. Zouaves et grenadiers y subirent des pertes considérables.

Cependant nos troupes, en présence de forces si disproportionnées, tiennent bon, maintiennent leurs positions avec la plus grande énergie, quand arrive une brigade du corps du maréchal Canrobert, et un moment après, une brigade du général de Mac-Mahon, dont le canon se faisait entendre.

Le corps du général s'était avancé sur Magenta et Buffalora, en deux colonnes, que l'ennemi voulut couper, lorsque le général de Mac-Mahon, par une habileté et une audace incroyables, ralliant et mettant sur la seconde ligne treize bataillons de voltigeurs de la garde, soutint les efforts de l'ennemi, fit reprendre de nouveau l'offensive, soutenu vigoureusement par le général Regnault de Saint-Jean-d'Angély, tandis que, d'un autre côté, les divisions du maréchal Canrobert et du général Niel faisaient des prodiges de valeur.

Dans ce moment d'attaque générale, l'ennemi, chassé de ses retranchements, alla se reformer plus loin, mais nous avancions toujours sur le village qu'il fallait enlever.

A Magenta, le combat fut terrible. L'ennemi défendit ce village avec acharnement. Nos troupes, malgré la résistance opiniâtre des Autrichiens, finirent par s'en emparer, maison par maison, en faisant subir à l'ennemi des pertes considérables. Plus de 10,000 des leurs furent mis hors de combat, et le général de Mac-Mahon leur fit environ 5,000 prisonniers, parmi

lesquels un régiment tout entier.

Vers huit heures du soir, nos troupes restèrent maîtresses de toutes les positions. L'ennemi a laissé entre nos mains quatre canons et deux drapeaux. On a trouvé sur le champ de bataille 12,000 fusils et 30,000 sacs.

Cette bataille sera inscrite dans nos fastes militaires au rang des plus éclatants faits d'armes accomplis par l'armée française. L'armée a été admirable.

C'est après cette célèbre journée du 4 juin que le général de Mac-Mahon fut nommé maréchal de

France, avec le titre de duc de Magenta, glorieux témoignage de sa brillante conduite.

Combat de Marignan (Melegnano).

Marignan ! Encore un nom célèbre dans nos fastes militaires! —C'est à Marignan qu'eut lieu sous François 1er la mémorable bataille connue sous le nom de *Bataille des Géants* (1515). C'est à Marignan que, quelques jours après Magenta, le canon s'est de nouveau fait entendre.

Le 10 juin 1859, une lettre écrite du lieu même du combat contenait ce qui suit : « Je ne vois guère d'obstacle capable d'arrêter la marche de nos troupes, depuis que j'ai vu le maréchal Baraguey-d'Hilliers attaquer de front le bourg de Melegnano. »

Marignan (Melegnano) est à quelque distance de Milan.

L'Empereur avait donné ordre au maréchal Baraguey d'occuper la position de Marignan, d'où nous menaçions à la fois deux lignes de retraite de l'ennemi. Mais les Autrichiens, qui avaient compris toute l'importance de ce village pour couvrir leur retraite, avaient profité des restes de fortifications que présente cette ville, et s'y étaient solidement retranchés. — L'ennemi, a dit le maréchal dans son rapport, avait élevé une barricade à environ 500 mètres en avant sur la route, et avait établi des batteries à l'entrée même de la ville, à la hauteur des premières maisons.

Le cimetière avait aussi été transformé en forteresse. Le long des murs les Autrichiens avaient asujetti tous les bancs de l'église et d'une auberge voisine. Debout sur leurs bancs, comme des curieux qui assistent à une fête, ils tiraient à coup sûr. — Il nous fallait enlever la position au pas de course.

Après un combat meurtrier, qui a duré de quatre à cinq heures, nous étions maîtres de la position, et l'ennemi était complétement chassé, abandonnant ses munitions de guerre.

Ce nouveau fait d'armes nous valait encore un canon et 900 à 1,000 prisonniers qui arrivaient à Milan le jour même où l'Empereur et Victor-Emmanuel assistaient au *Te Deum* d'actions de grâce pour le succès de nos armées.

Madame Cros, la Vivandiere.

Après Magenta , une cantinière a été médaillée pour sa bonne conduite au feu. L'excellente femme a suivi continuellement, et pendant le plus fort de l'affaire, la ligne des tirailleurs ; c'est d'elle que les blessés recevaient les premiers soins : elle se multipliait. Combien d'exemples semblables pourrait-on citer !

Ecoutez l'histoire de madame Cros :

Vivandière des chasseurs, elle a vingt-deux ans, et est mariée légitimement à un chasseur. Le matin d'une de nos grandes batailles, elle demanda à son mari la permission de suivre les chasseurs pour panser les blessés. Le mari resté en réserve

lui en donne la permission. Madame Cros suspend à ses côtés son tonnelet d'eau-de-vie, se charge d'un bidon plein d'eau fraîche et d'un paquet de linge et de charpie, et la voilà en marche.

Elle se met dans les rangs des chasseurs, et ne reste pas hors la portée des balles. Elle est au milieu d'eux exposée aux mêmes dangers ; les balles sifflent autour d'elle. Elle panse plusieurs blessures ; elle panse d'abord celle d'un cent-garde qui a été atteint d'une balle à la tête, près de l'Empereur.

Quelques moments après elle trouve un chasseur étendu par terre, blessé au côté et mourant de soif et de fièvre. Madame Cros s'approche de lui, se penche, soulève la tête du blessé, et lui fait avaler un verre d'eau où elle a versé quelques gouttes d'eau-de-vie. Pendant que le blessé boit, une balle arrive, emporte le petit doigt de madame Cros, brise son verre et tue l'homme.

Madame Cros, que sa blessure fait beaucoup souffrir, veut rejoindre l'ambulance. Chemin faisant, elle rencontre un tirailleur qui avait les deux cuisses traversées d'un coup de feu. Blessée elle-même, elle ne peut le soulever, mais elle se penche vers lui ; il entoure de ses deux bras le cou de cette femme courageuse qui le traîne ainsi jusqu'à l'ambulance, où l'on panse ses blessures et celle de madame Cros.

Le lendemain, madame Cros, souffrant beaucoup, rencontre le chirurgien des cent-gardes qui examine son doigt et lui dit qu'il faut en faire l'amputation. — Eh bien ! faites-la tout de suite, répond la vivandière en étendant stoïquement la main. — Et l'amputation se fait sans qu'elle pousse un seul cri.

Les bagues qu'elle portait au quatrième doigt, ont préservé ce doigt qui eut été amputé comme l'autre sans cela ; ces bagues, brisées par la balle, ont été présentées à l'Empereur à qui on a raconté la conduite courageuse de madame Cros.

Le Drapeau du 2ᵉ régiment de zouaves.

L'Empereur avait décidé que le régiment qui prendrait un drapeau à l'ennemi porterait la croix de la Légion d'honneur attachée au-dessous de son aigle. On sait les prodiges de valeur faits à Magenta par le 2ᵉ régiment de zouaves, qui a enlevé un drapeau à l'ennemi.

Voici les paroles du brave maréchal de Mac-Mahon, décorant le drapeau des zouaves :

« Le drapeau du 2ᵉ de zouaves est le premier de l'armée d'Italie qui sera décoré : je suis heureux qu'un tel honneur soit rendu au 2ᵉ corps que je commande ; je suis fier de vous voir mériter cet honneur.

« Aigle du 2ᵉ régiment de zouaves, sois fier de tes soldats : au nom de l'Empereur, et d'après les pouvoirs qui me sont dévolus, je te donne la croix de la Légion d'honneur. »

Après avoir décoré le drapeau, le maréchal voulut parler de nouveau, mais l'émotion l'en empêcha.

BATAILLE DE SOLFERINO.

Le 24 juin au soir, l'Empereur adressait, de Cavriana, à l'Impératrice, la mémorable dépêche que la France entière a lue avec admiration et avec des transports d'enthousiasme encore présents à la mémoire :

« Grande bataille et grande victoire. — Toute l'armée autrichienne a donné.

« La ligne de bataille avait cinq lieues d'étendue. — Nous avons enlevé toutes les positions, pris beaucoup de canons, de drapeaux et de prisonniers. »

Dans la nuit du 23 au 24 juin, les Autrichiens repassaient le Mincio et marchaient à notre rencontre.

L'Empereur avait pris le commandement de toute l'armée.

Les armées se trouvaient en présence, quand, à cinq heures du matin, le 1ᵉʳ corps (maréchal Baraguey-d'Hilliers) commença à s'engager devant Solferino. Les hauteurs et le village furent enlevés et occupés de haute lutte après un combat acharné. Pendant ce temps, le 2ᵉ corps (maréchal de Mac-Mahon) s'étendait pour se relier avec le général Niel, qui marchait sur Medole.

L'Empereur fit avancer l'infanterie et l'artillerie de la garde pour s'établir entre le 1ᵉʳ et le 2ᵉ corps

et pour enlever San-Cassiano. Puis il envoya toute la cavalerie de la garde et les deux divisions de cavalerie du 1ᵉʳ et du 3ᵉ corps pour remplir le vide entre le 3ᵉ et le 4ᵉ corps.

Le maréchal Canrobert avait été chargé de surveiller le mouvement des Autrichiens attendus du côté de Mantoue.

Pendant toute la journée on s'est battu en avançant lentement, mais en avançant toujours en bon ordre. Le 1ᵉʳ corps, après s'être emparé de Solferino, a enlevé toutes les positions les unes après les autres : la nuit seule a pu l'arrêter.

D'un autre côté, tandis que le corps du maréchal Baraguey-d'Hilliers soutenait la lutte à Solferino, le maréchal duc de Magenta donnait l'ordre d'enlever San-Cassiano. Le village fut emporté avec une grande vigueur par les tirailleurs algériens et le 45ᵉ.

Un premier mamelon, couronné par une espèce de redoute, tomba rapidement au pouvoir des tirailleurs ; mais l'ennemi, par un vigoureux retour offensif, parvint à les en déloger. Ils s'en emparèrent de nouveau et en furent repoussés une fois encore. Pour soutenir cette attaque, le général de la Motterouge dut faire marcher sa brigade de réserve, et le duc de Magenta son corps tout entier.

En même temps, l'Empereur donnait l'ordre à la brigade Manèque, des voltigeurs de la garde, appuyée par les grenadiers du général Mellinet, de se porter de Solferino contre Cavriana. L'ennemi ne put résister plus longtemps à cette double attaque, soutenue par le feu de l'artillerie de la garde.

Quant au 4ᵉ corps (général Niel), il avançait, gagnant toujours du terrain.

Le général Niel était assailli de tous côtés. Quatre régiments, le 5ᵉ hussards et trois régiments de chasseurs, partant ventre à terre, et lâchant la bride à leurs chevaux, se ruent sur des carrés d'infanterie formidables et accomplissent des prodiges de valeur. Les carrés de l'ennemi se reforment : nos cavaliers reviennent à la charge et les mettent de nouveau en pièces. Le général Niel, ayant dégagé son corps, s'élance alors à la tête de ses troupes, et parvient à repousser l'ennemi, trois fois plus nombreux que ses soldats.

Il y eut un moment, vers quatre heures de l'après-midi, où les Autrichiens firent un suprême effort. Une lutte acharnée s'engagea : l'infanterie et l'artillerie y prirent part, et la cavalerie, par plusieurs charges, acheva de décider le succès de cette grande journée. Ce fut le dernier acte de la bataille : les Autrichiens se mirent en retraite, et nous étions maîtres sur toute la ligne.

A cinq heures, l'Empereur, resté sur le champ de bataille pendant toute la lutte, s'installait dans la maison que l'empereur François-Joseph venait de quitter. C'est de là qu'il put voir les derniers efforts de l'ennemi se défendant avec énergie dans sa fuite. — A neuf heures du soir on entendait encore dans le lointain le bruit du canon qui précipitait la retraite de l'ennemi, et nos troupes allumaient les feux du bivouac sur le champ de bataille qu'elles avaient si glorieusement conquis.

Un volume ne suffirait pas pour faire connaître toutes les péripéties de cette nouvelle bataille des géants.

« Si vous voulez avoir une idée du terrain où se sont choquées pendant douze heures ces deux grandes armées, représentez-vous, a dit un témoin oculaire, une plaine immense de prairies, de champs de blé et de vignes, dominée d'un côté par une chaîne de mamelons surmontés de tours et de villages fortifiés.

« Nos troupes, rangées en bataille au pied de Castiglione, avaient à rejeter l'ennemi vers les hauteurs, en parcourant une étendue de quatre lieues, et cette première besogne accomplie, à s'emparer de tous les mamelons à la baïonnette. »

« C'était quelque chose d'admirable, a écrit un autre témoin de la lutte héroïque, que de voir l'entrain et l'intrépidité avec lesquels nos braves soldats escaladaient au pas de course, tambour battant, clairons sonnant, au cri de : *Vive l'Empereur!* ou au bruit de formidables hurrahs, à travers les balles, les boulets et les fusées, cinq ou six hautes collines que l'ennemi finissait toujours par abandonner. Nos chasseurs d'Afrique caracolaient sur les flancs des hauteurs, impatients de prendre part au combat, et sabrant, faute de mieux, tous les uhlans qu'ils rencontraient dans les bas-fonds. L'artillerie grimpait au galop sur des pentes impraticables pour y établir ses batteries, non sans renverser quelquefois, comme je l'ai vu arriver, ses pièces, ses chevaux et ses conducteurs sens dessus dessous au fond des ravins. Mais les conducteurs se relevaient gaillardement, se secouaient, fouettaient les chevaux, retournaient leurs petits canons légers, et repartaient plus rapides qu'auparavant. »

Rentrée des troupes dans Paris (14 août).

Paris et la France entière conserveront le souvenir du spectacle plein d'émotions nationales que la journée du 14 août nous a offert, après le retour en France de nos braves soldats.

A huit heures et demie, l'Empereur s'est rendu au-devant des troupes qui avaient quitté dans la matinée leur campement de Saint-Maur, et aussitôt après son arrivée à la place de la Bastille, le mouvement a commencé dans l'ordre suivant :

L'Empereur, précédé par ses officiers d'ordonnance et ses aides de camp, et ayant à sa suite un nombreux et brillant état-major, marchait en tête de l'armée. L'escorte du cortége impérial était formé par un détachement de cent-gardes.

A quelque distance de l'Empereur, le maréchal Regnault de Saint-Jean-d'Angély, commandant en chef de la garde impériale, accompagné de son état-major ;

Les aumôniers de l'armée ; — les détachements de blessés des différents corps de l'armée, dans l'ordre suivant : Chasseurs à pied ; — Voltigeurs ; — Zouaves ; — Grenadiers de la garde ; — Tirailleurs algériens ; — Blessés des régiments de ligne. — Puis venaient la garde impériale et les quatre corps d'armée, ayant à leur tête leur maréchal et leurs généraux.

Il serait difficile de dépeindre l'enthousiasme qui se renouvelait au passage de chaque corps. Les applaudissements, les bravos, les acclamations retentissaient de toutes parts ; les couronnes, les bouquets tombaient de chaque fenêtre ; c'était une véritable pluie de fleurs qui rappelait celles de Milan, de Brescia et de tant d'autres villes de l'Italie qui avaient donné à nos braves soldats les plus chaleureuses ovations. Nos vaillants maréchaux Canrobert, Baraguey-d'Hilliers, de Mac-Mahon, de Saint-Jean-d'Angély et Niel, en qui se personnifiaient les glorieux souvenirs de Magenta et de Solferino, ont été successivement salués par les plus vifs applaudissements.

Au passage de chaque régiment tous les regards se portaient sur les drapeaux qui, pour la plupart, étaient déjà revenus de Crimée, déchirés par les balles, et qui ont de nouveau affronté en Italie le feu de la mitraille. Les cris, les trépignements, les bravos de la foule disaient aux soldats qu'on partageait leur orgueil, à la vue de ces nobles débris, troués de balles, noirs de poudre, décolorés, et qui ne sont plus que de sublimes lambeaux.

Rentrée des troupes dans Paris.

Le Soldat Français.

Finissons par les lignes suivantes, que nous empruntons à un écrivain :

Il faut avoir vu en campagne nos sublimes fantassins pour comprendre la grandeur du soldat français.

Si vous souleviez un instant ce sac et ce qu'il renferme, ce fusil, ces paquets de cartouches, ces vivres, ces objets de campement, vous seriez étonné qu'un seul homme pût porter tout cela.

Cependant, écrasé sous son fardeau, le fantassin marche au combat : il a soif, il a faim, ses pieds saignent, il meurt de chaleur, mais il marche toujours. Accablé de fatigues, non-seulement il trouve le courage de se battre, mais encore il a la force d'être gai ; il chante, il rit, il fait des mots.

Ce que le troupier demande, c'est que son régiment brille et se couvre de gloire, car il aura le droit d'en prendre sa part. — L'abnégation est la première vertu du soldat. — Le soldat, qui sait son nom ? — Son nom, c'est le numéro du régiment. Le troupier tombe, mais en tombant il regarde si son drapeau avance ; il écoute si la marche du régiment bat toujours : la marche continue, le drapeau avance ; il meurt content, car il sait que son régiment sera mis à l'ordre du jour. — Nobles héros !

Aussi, comme le soldat français est populaire, même chez les nations hostiles à la France ! — On peut, a-t-on dit, ne pas aimer la France, mais on aime, on lui envie ses soldats. — Le courage, on l'admire partout où il se produit : mais combien il est plus sympathique, quand il se trouve réuni au caractère de dévouement, d'abnégation, de gaîté, de générosité, qui distingue le soldat français.

FRANCE.

ITALIE.

Résumé chronologique de la guerre d'Italie.

10 mai 1859. Départ de l'Empereur pour l'armée.	8 juin 1859. Victoire de Marignan (Melegnano).
20 — Victoire de Montebello.	18 — Entrée de l'Empereur à Brescia.
30 — Victoire de Palestro.	24 — Victoire de Solferino.
1er juin 1859. Passage du Tessin.	29 — Passage du Mincio.
3 — Victoire de Turbigo.	8 juillet 1859. Suspension d'armes.
4 — Victoire de Magenta.	12 — Conclusion de la paix.
6 — Entrée de l'Empereur à Milan.	

ORLÉANS. — IMPRIMERIE MASSON ET RENARD, SUCC. DE M. PESTY, PLACE DU MARTROI ET RUE SAINTE-ANNE, 2.

www.ingramcontent.com/pod-product-compliance
Ingram Content Group UK Ltd.
Pitfield, Milton Keynes, MK11 3LW, UK
UKHW021033220726
13924UKWH00001B/285